Vägen till livet

Vägen till livet

ALDIVAN TORRES

Canary Of Joy

CONTENTS

1 Vägen Till Livet   1

1

~

Vägen till livet

Aldivan Torres
Vägen till livet

Författare: Aldivan Torres
©2020-Aldivan Torres
Alla rättigheter förbehållna.
Serie: Odla visdom

Denna bok, inklusive alla dess delar, är upphovsrättsskyddad och kan inte reproduceras utan författarens tillstånd, säljas vidare eller laddas ned.

Aldivan Torres är en författare konsoliderad i flera genrer. Hittills har titlarna publicerats på dussintals språk. Från en tidig ålder har han alltid varit en älskare av konsten att skriva, efter att ha konsoliderat en professionell karriär från andra halvåret 2013. Han hoppas, med sina skrifter, att bidra till den internationella kulturen och väcka nöjet att läsa hos dem som inte har vanan. Ditt uppdrag är att vinna hjärtan hos var och en av dina läsare. Förutom litteraturen är hans främsta nöjen musik, resor, vänner, familj och nöjet av livet självt. "För litteratur, jämlikhet, broderskap, rättvisa, värdighet och ära för människan alltid" är hans motto.

Vägen till livet
Vägen
Att veta hur man är kritisk
Livets herre
Återanvändning
En tid av ångest
Snittförhållandet
Ge eller inte ge allmosorna?
Lärarens och lärandets akt
Hur man agerar inför förräderi
Kärlek genererar mer kärlek
Agera på de fattigas vägnar, de uteslutna och underordnade
Sista meddelandet
Vägen av välmående
Vägen
Vägarna till Gud
Den goda mästaren och lärlingarna
Bra metoder för att hålla sig nykter
Värdet genom exemplet
Känslan i universum
Känner mig gudomlig
Ändrar rutinen
Världsojämlikhet mot rättvisa
Musikens kraft
Hur man bekämpar ondska
Jag är den obegripliga
Erfarenhet av problem
På jobbet
Resor
Söker rättigheter
Tro på full kärlek
Att veta hur man hanterar ett förhållande

Massagen
Antagandet av moraliska värderingar
Att ha en sann vän
Åtgärder som ska observeras
Jag vill äta
Dans
Fastsättning
Begreppet Gud
Förbättringssteg
Hur ska jag känna mig?
Utbildningens roll
Slutsats
Vinna av tro
Seger över andliga och köttiga fiender
Förhållandet mellan människan och Gud
Tro på Gud som lider
Att vara en ärlig man av tro
Kristus
Människans uppdrag
Var Kristus
De två vägarna
Valet
Min erfarenhet
Bestämmelseland
Uppdraget
Meningen med vision
Autenticitet i en korrumperad värld
Sorg i svåra tider
Leva i en korrumperad värld
Så länge det goda finns kommer jorden att förbli
De rättfärdiga kommer inte att skakas
Var ett undantag
Min fästning
Värdena

Söker inre fred
Skaparen Gud
Äkta kärlek
Känn igen dig själv syndare och begränsad
Den moderna världens inflytande
Hur man integrerar sig med fadern
Kommunikationsbetydelsen
Det ömsesidiga beroendet och visdomen i saker
Skyll inte på någon
Att vara en del av en helhet
Klaga inte
Se ur en annan synvinkel
En sanning
Tänk på det andra
Glöm problemen
Ansiktsfödsel och död som processer
Odödlighet
Ha en proaktiv attityd
Gud är ande
En vision av tro
Följ mina budord
Den döda tron
Har en vision till
Från svaghet kommer styrka
Vad man ska göra i en känslig ekonomisk situation
Att möta familjeproblem
Överlever en sjukdom eller till och med döden
Möt dig själv
Sophia
Rättvisa
Frigivningen vid rätt tidpunkt
Förvandlingen av världen mot Guds väg
Jag lär känna Gud
De rättfärdiga och förhållandet med Gud

Förhållandet med Gud
Vad du borde göra
Jag ger dig allt mitt hopp
Vänskap
Förlåtelse
Hittar du?
Hur man bor på jobbet
Att bo med hårt humör på jobbet
Förbereder sig på en självständig arbetsinkomst
Analysera alternativ för specialisering i studier
Hur man bor i familjen
Hur man respekterar och respekterar
Ekonomiskt beroende
Det är viktigt med exemplet

Vägen

Gå med de goda, så får du fred. Gå med skurkarna, så blir du olycklig. Säg vem du är. Detta kloka uttryck visar hur viktigt det är att vara selektiv i vänskap. Men jag tror att det är en lärorik upplevelse. Man måste göra misstag för att lära sig, eller experimentera för att veta vad man vill. Erfarenheten är en primär faktor för människors utveckling, eftersom vi vandrar runt varelser som utsätts för en verklighet av avrättning och bevis.

Att veta hur man är kritisk

Vi utvecklas ständigt varelser. Det är normalt att kritisera sig själv och alltid vilja förbättra ert arbete i era vardagliga aktiviteter. Men kräv inte för mycket av dig själv. Tiden lär och mognar dina idéer. Dela ut era uppgifter på ett sådant sätt att ni har tillräckligt med fritid. Överväldiga sinnen ger inget av bekvämlighet. Det är dags för plantering och skörd.

Det krävs empati och kontroll. Om din partner gör ett misstag, ge honom goda råd, men återskapa honom inte. Kom ihåg att vi inte kan bedöma det andra eftersom vi också är ofullständiga och bristfälliga varelser. Det skulle vara en blind man som vägleder en annan blind man som inte skulle bära frukt. Reflektera, plan och inse. De är de nödvändiga pelarna för framgång.

Om du är chef, begär färdigheter från dina underordnade, men också förståelse och mänsklig. En arbetsmiljö med tunga och negativa vibrationer hindrar bara vår utveckling. Det krävs samarbete, leverans, arbete, beslutsamhet, planering, kontroll och tolerans i arbetsmiljön. Detta kallas arbetskraftsinvandring, en viktig punkt i arbetet, eftersom vårt samhälle är mångfacetterat. Miljön måste därför vara en plats för social integration.

Kunder och konsumenter beundrar stora företag som strävar efter att integrera och hållbara. Detta skapar ett mycket positiv bild inom och utanför organisationen. Utöver detta bidrar värderingar av enighet, beslutsamhet och heder till att verksamheten är evig. I detta fall rekommenderar jag punktligt möte med högkvalificerade yrkesmän som psykolog, tekniker för mänskliga relationer, administratörer, framgångsrika chefer, författare, hälsovårdspersonal bland andra.

Livets herre

Vi är på ett stort uppdrag inför en helt ojämlik publik. Vissa har mer kunskap och andra har mindre kunskap. Men var och en av oss kan lära eller lära. Visdom mäts inte efter åldern eller dess sociala tillstånd, utan är en gudomlig gåva. Då kan vi hitta en tiggare som är klokare än en framgångsrik affärsman. Den mäts inte med ekonomisk makt, utan genom en konstruktion av värderingar som gör oss mer mänskliga. Framgång eller misslyckande är bara en följd av våra handlingar.

Våra första mästare är våra föräldrar. Så det är sant att vår familj är vår värderingsbas. Sen har vi kontakt med samhället och i skolan. Allt detta återspeglar vår personlighet. Medan vi alltid har makten att välja. Den fria viljan är villkoret för alla varelser och måste respekteras. Jag kan välja min väg, men jag måste också ta konsekvenserna. Kom ihåg att vi bara fick det vi planterade. Det är därför man kallar det ett bra träd, det är den som bär god frukt.

Vi föds med en predisposition för gott, men ofta skadar miljön oss. Ett barn i förtryck och elände utvecklas inte på samma sätt som ett förmöget barn. Detta kallas social ojämlikhet, där få har mycket pengar och många människor är fattiga. Ojämlikhet är världens stora ondska. Det är en stor orättvisa som medför lidande och skada för den delen av de mindre gynnade befolkningen. Jag anser att vi behöver mer social integrationspolitik. Vi behöver jobb, inkomst och möjligheter. Jag tycker välgörenhet är en fantastisk kärlek, men det är förödmjukande att leva så. Vi behöver arbete och anständiga överlevnadsförhållanden. Vi måste hoppas på bättre dagar. Hur bra det är att köpa saker med vårt arbete och inte diskrimineras. Vi måste ha allas möjlighet, utan någon form av diskriminering. Vi behöver jobb för svarta, ursprungsbefolkningar, kvinnor, homosexuella, i alla fall för alla.

Jag tror att vägen ut ur en ny hållbarhetsmodell skulle vara elitens gemensamma arbete med regeringen. Mindre skatter, mer finansiella incitament, mindre byråkrati skulle bidra till att minska ojämlikheten. Varför behöver en person miljarder på sitt bankkonto? Det här är helt onödigt även om det är frukten av ditt arbete. Vi måste beskatta de stora förmögenheterna. Vi måste också ta in stora företags arbetskraft och skatteskulder för att skapa utdelning. Varför privilegiera den rika klassen? Vi är alla medborgare med rättigheter och skyldigheter. Vi är likadana inför lagen, men vi är ojämlika.

Återanvändning
En tid av ångest

När en tid av ångest kommer, och det verkar som om alla orättfärdiga lever, var helt säkra. Förr eller senare kommer de att falla och de rättfärdiga vinner. Gud sätt är okända, men de är uppriktiga och kloka, kommer han aldrig att överge dig trots att världen fördömer dig. Det gör så att dess namn blir evigt från generation till generation.

Snittförhållandet

Allt du gör på jorden för din skull skrivs i livets bok. Varje råd, donation, lösningar, ekonomiskt stöd, vänliga ord, komplimanger, samarbete i välgörenhet bland annat är ett steg mot välstånd och lycka. Tro inte att det bästa är att hjälpa de andra. Tvärtom, din själ är den mest fördelaktiga av dina handlingar och du kan få högre flyg. Ha medvetenheten i er att ingenting är gratis, det goda vi fick idag vi planterar tidigare. Har du någonsin sett en husstör utan stiftelse? Så det händer också med våra handlingar.

Ge eller inte ge allmosorna?

Vi lever i en värld av grymma och full av svindlare. Det är vanligt att många människor med goda ekonomiska villkor ber om att de allmosor skall berika, en förklädd stöld som suger arbetstagarnas lön redan missgynnas. I dag vägrar många att hjälpa till med en begäran om allmosor. Är det här det bästa alternativet?

Det är bäst att analysera från fall till fall, känna personens avsikt. Det finns otaliga gissel på gatan, det finns inget sätt att hjälpa alla, det är sant. Men när ditt hjärta tillåter, hjälp. Även om det är ett bedrägeri, kommer synden att vara i den andre personens avsikt. Du har gjort din del, bidragit till en mindre ojämlik och humanare värld. Grattis till dig.

Lärarens och lärandets akt

Vi befinner oss i en värld av gottgörelse och prövningar, en värld i ständig förändring. För att anpassa oss till denna miljö befinner vi oss i en rik undervisningsprocess som återspeglas i alla miljöer. Ta den här chansen, absorbera de goda sakerna och förneka de dåliga så att din själ kan utvecklas på vägen mot fadern.

Var alltid tacksam. Tack gode Gud för din familj, vänner, resa följeslagare, livslärare och alla som tror på dig. Ge tillbaka till universum lite av din lycka genom att vara ett gott sändebud. Det är verkligen värt det.

Hur man agerar inför förräderi

Var försiktig med folk, lita inte så lätt. Falska vänner kommer inte att tänka två gånger och leverera sin hemlighet inför alla. När det här inträffar är det bästa att göra att ta ett steg tillbaka och sätta saker på sina rätta ställen. Om du kan och har utvecklats tillräckligt, förlåt. Förlåtelse befriar din själ från förbittring och sen är du redo för nya upplevelser. Att förlåta betyder inte att glömma, för när man väl har brutit sitt förtroende kommer man inte tillbaka.

Kom ihåg lagen om återvändande som är den rättmätighet lagen av alla. Om ni gör fel mot den andra kommer ni att betala tillbaka. Så oroa dig inte för de skada dig, du kommer att finnas där för dina fiender, och Gud kommer att agera rättfärdigt genom att ge dig vad alla förtjänar.

Kärlek genererar mer kärlek

Välsignad vare den som upplevde kärlek eller passion. Det är den mest sublima känslan som består av att ge, avstå, överlämna, förstå, tolerans och lossning från materialet. Men vi har inte alltid en känsla av att den älskade känner sig ömsesidig och det är då smärta och vanära uppstår. Det finns en tid som måste väga den och respektera denna period. När du mår bättre, gå vidare och ångra ingenting. Du älskade det och som belöning visar Gud den andra personen ett sätt att han eller hon kommer att gå sin väg framåt. Det finns en stor sannolikhet att hon kommer att förkastas av andra för att betala för det lidande som har orsakats. Det här startar en ond cykel där vi aldrig har den vi älskar.

Agera på de fattigas vägnar, de uteslutna och underordnade

Sök hjälp till hemlösa, föräldralösa, prostituerade, övergivna och oälskade. Din belöning blir stor, för de kan inte återgälda din välvilja.

I ett företag, skola, familj och samhälle behandlar alla med jämlikhet, oavsett social klass, religion, etnisk tillhörighet, sexuellt val, hierarki eller någon specificitet. Tolerans är en stor dygd för att få tillgång till de högsta himmelska domstolarna.

Sista meddelandet

Det var det jag ville ge. Jag hoppas att dessa få linjer kommer att upplysa ditt hjärta och göra dig till en bättre människa. Kom ihåg att det är dags att förändra och göra gott. Följ med oss i den här kedjan av gott för en bättre värld. Vi ses nästa historia.

Vägen av välmående

Vägen

Människan i hela sitt medvetande har två dimensioner att observera: hur han ser sig själv och hur samhället ser på honom. Det största misstaget är att han kan göra att försöka passa en standard av samhället som vårt. Vi lever i en värld som mest fördomar, ojämlik, tyranni, grym, ond, full av svek, lögner och materiella illusioner. Att absorbera bra lära och att vara äkta är det bästa sättet att acceptera sig själv.

Att lära sig och känna sig bättre, att lita på goda värderingar, att gilla dig själv och andra, att värdera familjen och att praktisera välgörenhet är ett sätt att hitta framgång och lycka. I den här banan kommer det att falla, segrar, sorger, lycka, stunder av frid, krig och fred. Det viktiga är att hålla sig själv med tilltro till dig själv och en större kraft vad du än tror.

Det är viktigt att lämna alla dåliga minnen bakom sig och gå vidare med ditt liv. Var säker på att Gud förbereder goda överraskningar där ni kommer att känna det sanna nöjet att leva. Ha optimism och uthållighet.

Vägarna till Gud

Jag är faderns son, den som kom för att hjälpa denna dimension i en verkligt konsekvent evolution. När jag kom hit fann jag en mänsklighet helt förstörd och avledde från min fars främsta mål att skapa den. I dag ser vi oftast småaktiga, självviska, otrogna människor i Guds konkurrenskraft, giriga och avundsjuka. Jag tycker synd om dem och försöker hjälpa dem på bästa sätt. Jag kan genom mitt exempel visa vilka egenskaper min far verkligen vill att de ska odla: solidaritet, förståelse, samarbete, jämlikhet, föreningsfrihet, medkänsla, rättvisa, tro, klo, ihärdighet, hopp, värdighet och framför allt kärlek bland varelser.

Ett annat stort problem är mänsklig stolthet över att vara en del av en mer gynnad grupp eller klass. Jag säger er, detta är inte en gall inför Gud. Jag säger er att ni har öppna armar och hjärtan att ta emot era barn oavsett ras, färg, religion, social klass, sexuell läggning, politiskt parti, region eller någon specificitet. Alla är jämlika i saker inför sin far. Men vissa av deras verk gynnas mer av deras verk och en trevlig själ.

Tiden går fort. Så missa inte möjligheten att samarbeta för ett bättre och rättvisare universum. Hjälp de drabbade, de sjuka, fattiga, vänner, fiender, bekanta, främlingar, familj, främlingar, män och kvinnor, barn, unga eller gamla, kort sagt, hjälpa utan att förvänta sig hämnd. Stor kommer att bli din belöning före fadern.

Den goda mästaren och lärlingarna

Vi befinner oss i en värld av gottgörelse och bevis. Vi är beroende av varandra och saknar ömhet, kärlek, materiella resurser och uppmärksamhet. Varje gång de lever får erfarenhet och sänder något bra till dem som står dem närmast. Detta ömsesidiga utbyte är viktigt för att nå ett tillstånd av full fred och lycka. Att förstå sin egen, förstå andras smärta, agera för rättvisa, omvandla begrepp och uppleva den frihet som kunskap ger är ovärderligt. Det är bra att ingen kan stjäla från dig.

Under mitt liv hade jag bra lärare: Min andliga och paternalistiska far, min mor med sin söthet, lärare, vänner, familj i allmänhet, bekanta, medarbetare, väktare, Angel, hindun, prästinnan, Renato, Philip Andrews (en man märkt av en tragedi), så många andra personer som med sin personlighet markerade min historia. I historiens bakslag, jag mina brorsöner och mänsklighet genom mina böcker. Jag har gjort båda rollerna bra och letar efter min identitet. Nyckeln till frågan är att lämna ett bra frö, för som Jesus sade: De rättfärdiga kommer att skina som solen i sin fars rike.

Bra metoder för att hålla sig nykter

Det finns olika sätt att se världen och vänja sig vid det. I mitt särskilda fall skulle jag kunna upprätthålla stabiliteten efter en lång tid av inre andliga förberedelser. Av min erfarenhet kan jag ge tips om hur jag ska orientera mig själv inför livets obehag: drick inte alkohol, rök inte, inte använda några droger, arbeta, ockupera dig själv med trevlig aktiviteter, gå ut med vänner, gå ut med vänner, gå ut med goda sällskap, gå till att resa och klä sig bra, komma i kontakt med naturen, vila ditt sinne, lyssna på musik, läsa böcker, fullgöra inhemska skyldigheter, vara troende mot dina värderingar och övertygade, respektera de äldre, vara fromma, förstå och tolerant, samla dig till din andliga grupp, be, ha tillit och inte teman. Ödet öppnar de goda dörrarna åt dig och hittar din väg. Jag önskar alla lycka till.

Värdet genom exemplet

Människan reflekteras genom sina verk. Detta kloka ord visar exakt hur vi måste agera för att uppnå lycka. Det är inte lönt att människan har konsoliderade värden om han inte omsätter dem i praktiken. Mer än goda avsikter behöver vi konsoliderade inställningar för att världen sedan ska omvandlas.

Känslan i universum

Lär dig känna dig själv, värdera dig själv mer och samarbeta för andras bästa. Mycket av våra problem beror på våra rädslor och brister. Med tanke på våra svagheter kan vi fixa dem och planera i framtiden för att förbättra som människa.

Följ din etik utan att glömma rätten för dem som står vid din sida. Var alltid opartisk, rättvis och generös. Sättet du behandlar världen kommer att få som hämndframgång, fred och lugn. Var inte för kräsen med dig själv. Försök njuta av varje ögonblick av livet ur en inlärningsperiod. Nästa gång vet du exakt hur du ska agera.

Känner mig gudomlig

Inget är av en slump och allt som finns i universum har sin betydelse. Var glad för livets gåva, för möjligheten att andas, gå, arbeta, krama, kyssa och ge kärlek. Ingen är en isolerad del, vi är en del av universums utrustning. Försök att göra enkla mentala kontaktövningar. Gå till ditt rum, sitt rum, sin säng, blunda och reflektera över dig själv och universum. När du slappnar av kommer dina problem att lämnas bakom dig och du kommer att märka hur gudomlig länk ser ut. Försök att fokusera på ljuset i slutet av tunneln. Ljuset ger er hopp om att det är möjligt att förändra, radera misstagen från det förflutna, förlåta dig själv och sluta fred med fiender genom att göra dem till vänner. Glöm slagsmålen, bitterheten, rädslan och tvivel. Allt det här kommer i vägen. Vi är mest aktiva när vi förstår varandras sida och har förmågan att gå vidare. Tack, att ni är frisk och att ni fortfarande har tid att lösa de pågående frågorna.

Vi är faderns söner; vi skapades för att hjälpa planeten att utvecklas och också vara lyckliga. Ja, vi kan få allt om vi är värdiga det. Vissa är nöjda, andra vid sidan av en följeslagare, andra genom att engagera sig i en religion eller trohet och andra genom att hjälpa andra. Lycka är relativt. Glöm aldrig också att det kommer att finnas dagar av förtvivlan och mörker och att det är just nu som din tro måste vara mer närvarande. När det gäller smärta är det ibland ganska komplicerat att hitta en väg ut. Men vi har en Gud som aldrig överger oss, även om andra gör det. Prata med honom så förstår du saker bättre.

Ändrar rutinen

Världen i dag har blivit en stor ras mot tiden för självöverlevnad. Vi tillbringar ofta mer tid på jobbet än med våra familjer. Detta är inte alltid hälsosamt, men det blir nödvändigt. Ta ledigt för att ändra din rutin lite.

Gå ut med vänner, make, gå till parker, teater, klättra berg, simma i floden eller till havs, besöka släktingar, gå på bio, fotbollsstadion, läsa böcker, titta på TV, surfa på internet och skaffa nya vänner. Vi måste ändra rutinmässiga syner. Vi måste känna till en liten del av denna stora värld och njuta av det Gud har kvar. Vi är inte eviga, att när som helst kan hända något och du inte längre är bland oss. Så gå inte till morgondagen vad du kan göra idag. Tack för att du fick tillfälle att leva. Det här är den största gåva vi har fått.

Världsojämlikhet mot rättvisa

Vi lever i en galen, konkurrenskraftig och ojämn värld. Känslan av straffrihet, hopplöshet, lust och likgiltighet är övervägande. Allt Jesus har lärt sig förr i tiden är inte genomfört i praktiken. Vad är poängen med att han kämpar så hårt för en bättre värld om vi inte värdesätter den?

Det är inte ansträngt att säga att man förstår den andras smärta, ibland har solidaritet och medkänsla att se en bild på Internet eller till och med på gatan framför en övergiven minderårig. Det är svårt att ha attityd och försöka ändra på historien. Världens elände är utan tvivel mycket stor, och vi kan inte hjälpa alla. Gud kommer inte att kräva det från dig i rättegång. Men om du kan hjälpa din granne kommer redan att vara i stor omfattning. Men vem är nästa? Det är din arbetslösa bror, din sorgliga granne som förlorat sin fru, det är hans kollega som behöver din vägledning. Varje handling du har, hur liten den än är, räknas i evolutionens aspekt. Kom ihåg att vi är vad våra verk är.

Försök alltid hjälpa till. Jag kommer inte att kräva er perfektion, det är något som inte finns i denna värld. Jag vill att du ska älska din granne, min far och dig själv. Jag ska visa dig igen hur stor min kärlek till mänskligheten är, även om det inte förtjänar det. Jag lider mycket av mänskligt lidande och kommer att försöka använda det som ett instrument för min goda vilja. Men jag behöver din tillåtelse att kunna agera i ditt liv. Är du redo att leva min fars vilja? Svaret på denna fråga kommer att vara en definitiv milstolpe i dess existens.

Musikens kraft

Något mycket avslappnande och jag rekommenderar att fred och mänsklig utveckling ska nå fram till musik. Genom texten och melodin reser våra sinnen och känner exakt vad författaren vill gå igenom. Ofta befriar det oss från allt ont vi bär på dagarna. Samhällets påtryckningar är så stort att vi ofta dras av andras negativa och avundsjuka tankar. Musiken befriar oss och tröstar oss genom att rensa våra sinnen helt.

Jag har en eklektisk musiksmak. Jag gillar Rock, Funk, brasiliansk populär musik, internationellt, romantiskt, land eller någon god kvalitetsmaterial. Musiken inspirerar mig och skriver ofta att jag hör dem om tysta musikpreferenser. Gör det också, så ser du en stor skillnad i din livskvalitet.

Hur man bekämpar ondska

Vi har levt en dubbel i universum sedan den stora drakens fall. Denna verklighet återspeglas också här på jorden. Å ena sidan vill ärliga människor leva och samarbeta och andra jävlar som söker andras olycka. Medan ondskans kraft är svart magi, är det goda att be. Glöm inte att rekommendera dig till din far, så att mörkrets kraft inte slår dig.

Som Jesus lärde, frukta inte mannen som kan ta sitt liv från sin kropp, ett tema som kan fördöma hans själ. Genom fri vilja kan du helt enkelt förkasta fiendens angrepp. Valet av gott eller ont är ditt ensamt. När du syndar, rättfärdiga dig inte. Erkänn ditt misstag och försök att inte missa mer.

En attityd jag hade i mitt liv förändrade mitt förhållande till universum och Gud. Jag önskade att Herrens vilja skulle åstadkomma i mitt liv och då kunde den helige Ande agera. Från och med då hade jag bara framgång och lycka för att jag är lydig. I dag lever jag i full natt med min skapare, och det gläder jag mig för. Kom ihåg att det är ditt val.

Jag är den obegripliga

Vem är jag? Var kom jag ifrån? Vart ska jag ta vägen? Vad är mitt mål? Jag är den obegripliga. Jag är den nordliga andan som sprängs därifrån och hit utan riktning. Dessutom är jag kärlek, tron på de rättfärdiga, hoppet om barn, jag är den hjälpande hand hos de drabbade, jag är det råd som ges väl, jag är ditt samvete som varnar fara, jag är den som försonar själen, jag är förlåtelse, jag är förståelse och kommer alltid att tro på din återhämtning redan före synd. Jag är David ändringar, den första och sista, Guds försyn som skapar världarna. Jag är den lilla drömknopp som är den nordöstra öde att erövra världen. Jag är också gudomlig för den mest intima, siaren eller helt enkelt Guds son med rätt. Jag kom ner på min fars begäran för att rädda dem från mörkret. Innan mig finns det ingen makt, auktoritet eller kunglighet för jag är kungens kung. Jag är din Gud av det omöjliga som kan förändra ditt liv. Tro alltid på det.

Erfarenhet av problem

Som gudomlig kan jag göra allt och i mänsklig form lever jag med svagheter som alla andra. Jag föddes i en värld av förtryck, fattigdom, svårigheter och likgiltighet. Jag förstår din smärta som ingen annan. Dessutom kan jag se djupt i din själ dina tvivel och din rädsla för vad som kan komma. Jag vet hur man bäst kan möta dem.

Jag är din bästa vän, den som står vid din sida varje timme. Vi kanske inte känner varandra, eller jag är inte fysiskt närvarande, men jag kan agera genom människor och själ. Jag vill ha det bästa för ditt liv. Var inte upprorisk och förstå varför misslyckandet är. Anledningen är att något är förberett på något bättre, något som du aldrig föreställt dig. Jag lärde mig det av min erfarenhet. Jag upplevde ett intensivt ögonblick av förtvivlan där ingen levande varelse har hjälpt mig. Nära totalt slit och tår räddade min far mig och visade sin stora kärlek. Jag vill återgälda och göra detsamma mot resten av mänskligheten.

Jag vet precis vad som pågår i ditt liv. Dessutom vet jag ibland att det känns som om ingen förstår dig, och det känns som om du är ensam. I dessa stunder hjälper det inte att söka en logisk förklaring. Sanningen är att det är stor skillnad mellan mänsklig kärlek och min. Medan den förra alltid är inblandad i ett intressespel, är min kärlek sublim och överstepräst. Jag uppfostrade dig, gav dig livets gåva och gryr varje dag vid din sida genom min ängel. Jag bryr mig om dig och din familj. Dessutom tycker jag synd om dig när du lider och det avvisas. Du får aldrig ett negativt inuti mig. Under tiden ber jag er att förstå mina planer och acceptera dem. Jag har skapat hela universum och jag vet mer än dig på bästa sätt. Till detta kallar vissa det en destination eller en destination. Hur mycket som än verkar fel har allt en mening och går mot framgång om man förtjänar det.

Här finns någon som älskade och som älskar. Min eviga kärlek kommer aldrig att försvinna. Min kärlek är full och har inga krav. Jag har konsoliderade värderingar av en god man. Vill inte uttrycka hat, rasism, fördomar, orättvisa eller föräkt i mig. Jag är inte den här Gud de målar. Om du vill träffa mig, lär dig genom mina barn. Fred och god för alla.

På jobbet

Det är inte bra att han har ett obeboeligt sinne. Om vi odlar tomhet kommer vi inte att sluta tänka på problemen, oroligheten, rädslan, vår skam, besvikelserna, lidandet och den obekväma situationen i nutiden och framtiden. Gud lät människan arvet av arbete. Förutom att vara en fråga om överlevnad, fyller vårt innersta tomrum. Känslan av att vara användbar för dig själv och för samhället är unik.

Att ha möjlighet att arbeta, öka yrkesmässigt, stärka relationerna om vänskap och ömhet och att utvecklas som människa är en stor gåva till följd av deras mer ömma ansträngningar. Var glad över det i kristider. Hur många fäder och mödrar ville inte vara i dina skor? Verkligheten i vårt land är att öka arbetslösheten, ojämlikhet, likgiltighet och politisk likgiltighet.

Gör din del. Behåll en hälsosam miljö på jobbet där du tillbringar mycket av din dag. Men jag har inte så mycket förväntningar och blanda inte ihop saker. Vänner brukar man hitta i livet och på jobbet endast kolleger utom sällsynta undantag. Det viktiga är att strikt uppfylla era skyldigheter som innebär närvaro, punktlighet, effektivitet, ansvar och hängivenhet. Var ett exempel på uppförande inuti och utanför ditt sammanbrott.

Resor

Gud är underbar, mäktig och oförmögen. För sin stora kärlek ville han skapa saker och genom sitt ord existerade de. Allt material, oväsentligt, synligt och osynligt ger äran åt skaparen. Bland dessa saker är mannen. Det betraktade en liten punkt i universum som kan se, känna, interagera, uppfatta och inse. Vi är här för att vara lyckliga.

Ta fördel av de möjligheter som livet ger dig och lär känna lite av det här universum. Du kommer att bli förtrollad av de små och stora naturarbetena. Känn frisk luft, havet, floden, skogen, bergen och dig själv. Tänk på dina attityder och upplevelser under hela ditt liv. Tro mig, det ger dig livskvalitet och en känsla av obeskrivlig fred. Var glad nu. Lämna den inte senare, för framtiden är osäker.

Söker rättigheter

Var en fullvärdig medborgare som lever sina rättigheter helt. Du ska veta exakt vilka plikter du har. Om de kränks kan ni söka domstol. Även om din begäran inte uppfylls, kommer ditt samvete att vara rent och redo att gå vidare. Kom ihåg att den enda rättfärdighet som inte misslyckas är den gudomliga och med den rätta attityden kommer att komma.

Tro på full kärlek

I dag lever vi i en värld som domineras av intresse, ondska och brist på förståelse. Det är avmätande att inse att det vi verkligen vill ha inte existerar eller är helt sällsynt. Med devalveringen av varelse och sann kärlek tar vi slut på alternativ. Jag har lidit tillräckligt av livets utmaningar och av min erfarenhet tror jag fortfarande på ett hopp även om det kanske är avlägset. Jag tror att det finns en andlig far i ett annat plan som observerar alla våra gärningar. Hans verk under hela hans karriär kommer att ackreditera framtida lycka tillsammans med en speciell person. Var optimistisk, ihärdig och tro.

Att veta hur man hanterar ett förhållande

Kärleken är gudomlig. Att vara denna känsla begreppsmässig som den andra individens välmående. När vi når det här stadiet måste du veta. Kunskap förtrollar, besvärjelser eller amorf. Att veta hur man hanterar varje fas är den goda förvaltarens uppgift. Med hjälp av språk kan tillgivenhet jämföras med en växt. Om vi vattnar det ofta, kommer den att växa och ge bra frukt och blommor. Om vi föraktar henne, så förtvinade hon, förfaller och slutar. Att vara i ett förhållande kan vara något positivt eller negativt beroende på vem vi är med. Att bo tillsammans för ett par är den stora utmaningen med moderna tider. Nu räcker inte kärleken enbart för att vidmakthålla en union som innebär större faktorer. Men han är en mäktig tillflykt i tider av ångest och förtvivlan.

Massagen

Massage är en stor övning som kan göras. Vem har mottagaren möjlighet att uppleva den njutning som orsakas av musklerna? Man måste dock se till att inte överdriva friktionens proportionalitet mellan händerna och det arbetade området. Du kan utnyttja det bättre när det finns ett utbyte mellan två människor som älskar varandra.

Antagandet av moraliska värderingar

Bra vägledning är nödvändig för att utveckla en känsla som kan skapa uppriktiga, realistiska, åtnjutande och verkliga förbindelser. Som ordspråket säger, familjen är grunden för allt. Om vi är goda föräldrar, barn, bröder och följeslagare kommer vi också att vara utanför.

Öva en etik av värderingar som kan leda dig till välfärdens väg. Tänk på dig själv, men även på den andre har rätt alltid med respekt. Försök att vara lycklig även om ditt sinne försvagas och avskräcker dig. Ingen vet vad som händer om de inte agerar och försöker. Det mesta som kan hända är ett misslyckande, och de tvingades träna oss och göra oss riktiga vinnare.

Att ha en sann vän

När Jesus var på jorden lämnade han oss en modell av beteende och ett exempel att följa. Hans största handling var att överlämna korset för våra synder. I det här ligger värdet av en äkta vänskap, donerar ditt liv för den andra. Vem skulle göra det för dig? Titta noga. Om ditt svar är positivt, värdesätter personen och älskar dem uppriktigt eftersom denna känsla är sällsynt. Förstör inte det här förhållandet för någonting. Lär dig att läsa med handling och ord lite av denna stora kärlek och vara lyckliga.

Åtgärder som ska observeras

1. Gör med andra vad du vill att de ska göra med dig. Detta inbegriper att vara vänlig, välgörande, snäll, generös och sträva efter att inte skada andra. Du har ingen dimension av vad det är att lida på grund av felaktiga ord. Använd denna makt bara för att ge andra goda och tröst, eftersom vi inte vet vad ödet håller för oss.
2. Var lögnernas fiende och gå alltid med sanningen. Det är bättre att erkänna allt som hände. Rättfärdiga inte dig själv eller mjuka nyheterna. Var undan.
3. Stjäl inte det som kommer från den andra och korsar inte andras liv. Var rättvis mot betalningar och kontantförmåga. Odla inte avundsjuka, förtal eller lögner med andra.
4. Vi är alla en del av en hel känd som Gud, ödet eller kosmiskt medvetande. För att upprätthålla harmoni, delaktighet och nattvard i förhållandet krävs det enorma ansträngningar för att hålla sig borta från världens saker. Öva alltid gott och din väg kommer gradvis att spåras till himmelske fader. Som jag har sagt, var inte rädd för någonting. Till skillnad från vad många religioner målar är min far inte bödel eller en bigott, han upphöjer kärlek, tolerans, gen-

erositet, jämlikhet och vänskap. Alla har sin plats i mitt rike om han förtjänar det.
5. Ha ett enkelt och säkert liv. Använd inte materiella varor utan nödvändighet och ge inte efter för extravaganser. Allt måste vara i rätt åtgärd. Om du är rik eller rik, så öva alltid donations- och välgörenhetskonsten. Du vet inte vad det här kommer att göra för dig själv.
6. Håll kropp, själ och hjärta rent. Ge inte efter för frestelsen av lust eller lathet.
7. optimism, kärlek, hopp, tro och uthållighet. Ge aldrig upp dina drömmar.
8. När du kan delta i samhällsprojekt. Varje åtgärd för de gynnade minderåriga kommer att öka sin skatt i himlen. Föredra detta för makt, pengar, inflytande eller social status.
9. Vänj dig vid att värdera kulturen i olika manifestationer. Gå och se på vänner, bio, teater och läsa inspirerande böcker. Litteraturvärlden är en rik och mångfaldig värld som kommer att ge dig gott om underhållning.
10. Meditera och fundera på din nuvarande och framtid. Det förflutna spelar ingen roll längre. Även om din synd är lika skral kan jag förlåta och visa min sanna kärlek.

Jag vill äta

Att ta hand om våra kroppar är viktigt för oss att leva väl. En av grunderna och många viktiga saker är mat. Att anta en balanserad kost är det bästa sättet att undvika sjukdomar. Skaffa sunda vanor och äter mat med vitaminer, mineraler, fibrer och proteiner. Det är också viktigt att bara äta det som är nödvändigt för att överleva som undvika avfall.

Tips för att leva länge och väl

1. Håll alltid kropp och tankeförmåga aktivt.
2. Datum.
3. Odla din tro om andra.
4. Att ha stabila och generösa värderingar av social samexistens.

5. Ät måttligt.
6. Ha en lämplig träningsrutin.
7. Sov gott.
8. Var förnuftig.
9. Vakna tidigt.
10. Reser mycket.

Dans

Dans är en kritisk övning för individens välbefinnande. Hjälper till att bekämpa åldrandet, i ryggproblem och resor ökar positiviteten. Att integrera varje melodi är inte alltid en lätt, men trevlig och givande uppgift. Ha en vana i den här övningen och försök vara lycklig.

Fastsättning

Att man ska vara trogen är lämplig på heliga dagar eller när vi lovar att hjälpa själar som är i knipa i andevärlden. När det är klart rekommenderas dock att krafterna återupptas genom att inta hälsosamma och mångfaldiga livsmedel.

Begreppet Gud

Gud har inte börjat och kommer inte att få ett slut. Det är resultatet av den goda föreningen. Det finns i alla verk av hans skapelse som kommunicerar med dem genom den mentala reflexiva processen som många kallar "Inre själv".

Gud kan inte definieras i mänskliga ord. Men om jag kunde skulle jag säga att det är kärlek, brödraskap, ge, välgörenhet, rättvisa, barmhärtighet, förståelse, rättvisa och tolerans. Gud är villig att acceptera honom till hans rike om du förtjänar det. Kom ihåg något kritiskt: Du har bara rätt att vila i himlens rike, som vilade från era bröder.

Förbättringssteg

Jorden är en värld av gottgörelse och bevis för att människor ska gå framåt. Detta skede av vår existens måste markeras med våra goda gärningar så att vi kan leva en tillfredsställande andlig dimension. Genom att nå fulländningen av perfektion blir människan en del av den kosmiska dimensionen eller helt enkelt begreppsmässigt som Gud.

Hjärnans egenskaper

1. En god önskan bör uppmuntras och omsättas effektivt.
2. Trodde är en kreativ kraft som måste befrias för att den kreativa anden skall blomstra.

Drömmar är tecken på hur vi ser världen. De kan också vara budskap från gudarna relaterar framtiden. Det är dock nödvändigt att i verkligheten förbli för att uppnå konkreta resultat.

4) Uppror, kunskap och avstånd från materiella saker måste arbetas i sinnen hos alla som söker evolution.

5) Att känna en del av universum är ett resultat av en förbättringsprocess och medvetenhet. Känner igen din inre röst.

Hur ska jag känna mig?

Tack för livets gåva och för allt som din far har gett dig. Varje bedrift, varje dag måste vi fira som om det inte fanns någon annan. Förvirra dig inte och vet hur du ska känna igen din roll i kosmosdimension. Mina föräldrar ser dem med en blick av storhet trots sin begränsning och förnekelse. Gör dig värdig de goda sakerna.

Gör som den lilla drömmaren i Pernambuco, känd som Divine. Trots alla utmaningar och svårigheter som livet har lett till upphörde han aldrig att tro på en större kraft och på sina möjligheter. Tro alltid på hopp, för Gud älskar oss och vill det som är bäst för oss. Försök dock att göra din del i denna process. Var aktiv i dina projekt och drömmar. Lev varje steg fullt ut och om det misslyckas, ska du inte avskräckas. Segern kommer att förtjäna det.

Utbildningens roll

Vi är redo att utvecklas. Från befruktning, barndom och till och med inkluderande i skolan kan vi lära oss och relatera till andra. Denna interaktion är avgörande för vår utveckling i allmänhet. Det är just nu som lärare, föräldrar, vänner och alla vi känner spelar en nyckelroll för att bygga upp en personlighet. Vi måste absorbera de goda sakerna och förkasta de onda genom att gå den rätta vägen mot fadern.

Slutsats

Jag avslutar här de första sms som söker efter att ha känt till religionerna. Jag hoppas att ni ur min synvinkel kan ha assimilerat bra lärande och om det hjälper även om det bara är en person som jag ger lika bra med tanke på den tid som används. En kram till alla, framgång och lycka.

Vinna av tro

Seger över andliga och köttiga fiender

Och säger: "Till de rättfärdiga, de som med rätta följer mina budord genom att utöva den dagliga konsten av goda, lovar jag ständigt skydd inför mina fiender, även om en mångfald eller helvetet kastar sig mot dig, fruktar du inget ont för jag håller dig, och med mitt namn kommer 10 000 att falla till höger och hundra mig till vänster, men inget kommer att hända dig, för mitt namn är Gud."

Detta emblematiska budskap från Gud räcker för att lämna oss lugna inför fiendens vrede i alla situationer. Om Gud är för oss, vem kommer då att vara emot oss? Det finns ingen som är större än Gud i universum. Allt som står i livets bok kommer att ske och din seger kommer. De orättfärdigas triumf har gjort sugrör, men vetet kommer att förbli för evigt. Så låt oss ha mer tro.

Förhållandet mellan människan och Gud

Människan fick en förvaltning av landet så att den kunde bära frukt och välstånd. Som Jesus lärde oss måste vår relation till Gud vara från far till son, och därför skäms vi inte för att närma oss honom även om synden gör honom rädd. Gud uppskattar det goda hjärtat, den hårdarbetade mannen, den som försöker förbättra sig alltid så att han kan följa den permanenta evolutionens väg.

För syndens stund är det bäst att fundera över vad som orsakade det så att felet inte kan upprepas igen. Att söka alternativa vägar och att söka nya erfarenheter ger alltid till vår läroplan som gör oss mer förberedda människor för livet.

Huvudpunkten är att öppna ditt liv för den helige Andes handling. Med hans hjälp kan vi nå en nivå som vi kan säga är kopplad till bra saker. Det kallas nattvard, och det är nödvändigt och passionerat så att det kan leva fullt ut. Att ge upp sakerna i den kroppsliga världen och förneka ondskan inom dig är nödvändiga och effektiva förhållanden för att åter födas i en föränderlig värld. Vi kommer att bli den stigande Kristus spegel.

Tro på Gud som lider

Vi lever i en värld av gottgörelse och bevis, som ständigt gör oss lidande. Vi lider av en förlorad eller obeveklig kärlek, lider av förlust av en familjemedlem, lider av ekonomiska problem, lider av missförstånd för den andra, lider av det våld som orsakas av mänsklig ondska, lider vi tyst på grund av våra svagheter, längtan, sjukdomar och rädsla för döden, vi lider för nederlag och sorgliga dagar när vi vill försvinna.

Min bror, eftersom smärta är oundviklig för dem som lever i denna värld, måste vi hålla fast vid Gud och hans son Jesus Kristus. De senare kände sig på huden som en man, alla möjliga osäkerheter, rädslor, olyckor och ändå gav aldrig upp att vara lycklig. Låt oss också vara det, leva varje dag med känslan av att du kan göra bättre och med en chans till progression. Hemligheten är att alltid gå vidare och be honom om hjälp att bära korsen. Den Allsmäktige kommer att belöna din uppriktighet och omvandla ditt liv till ett hav av glädje. Det handlar inte om att garantera att smärta utesluts, utan om att veta hur man lever tillsammans på ett sätt som inte påverkar vårt goda humör. Så livet kan fortsätta utan stora problem.

Att vara en ärlig man av tro

Den sanna kristen följer Jesus exempel under alla omständigheter. Förutom de viktigaste budorden har du en uppfattning om evangeliet, livet självt, om faran i världen och du vet det bästa sättet att agera. Den kristna måste vara ett exempel på en medborgare, eftersom det finns regler som måste följas och följas i den sociala omgången. En sak är tron och en annan sak är respekt för din partner.

Vad Gud vill är att människan ska vara sin medborgare också och inte bara världen. För detta måste man vara en bra far, en god son, en god make, en trogen vän, en tjänare som är hängiven i bön, en man eller kvinna som lever för arbete eftersom det är djävulens verkstad. Människan kan ta ett viktigt steg mot att bli lycklig och äntligen vinna av tro! En stor kram till alla och vi ses nästa gång.

Kristus

Människans uppdrag

Jorden skapades för att husa liv ofta och andra stjärnor spridda över hela universum. Gud, den konsoliderade kärleken, efterlyst av styrka, makt, ljuvlighet och nåd för att skapa människor, speciella varelser som har rätt att vara hans image och likhet.

Men det faktum att det är deras image och likhet betyder inte att de har samma väsen. Medan Gud besitter alla predikatet av perfektion man är bristfällig och syndig. Gud ville visa sin storhet, han älskade oss så mycket att han gav oss fri vilja genom att ge oss nyckelfaktorerna så att vi kan finna vägen till lycka.

Vi drar slutsatsen att perfektion på jorden aldrig har uppnåtts sedan evigheter, vilket innebär att vissa gamla legender om vissa religioner. Vi lever dubbelt, ett grundläggande villkor för att existera som människa.

Nu kommer frågan: Vad är meningen med att skapa universum och livet självt? Gud och hans planer är okända för de flesta människor inser inte ens vad som händer runt dem. Vi kan säga att min far lever för evigt, och alltid, födde två barn, den förbundna Jesus och Guds, skapade himmelska stjärnorna som var den första kallade Kalenquer. På denna planet skapade änglarna som är den andra i form av universell betydelse. Därefter reste han genom universum för att fortsätta att skapa mysteriet och lämna sin makt i Jesus, Guds och Michael (en mest hängiven tjänare). Det var för 15 miljarder år sedan.

Från och med nu till nutiden förvandlades universum på ett sådant sätt att den ursprungliga skapelsen inte ens erkänns. Livet som är ett av samarbete, enighet, välgörenhet, kärlek, donation och befrielse har blivit tvist, avund, falska, fientlighet, brott, förödelse av naturresurser, kärlek till pengar och makt, individualism och sökningen efter seger till varje pris.

Det är dit jag vill komma. Jag är son till andlig Gud och jag kom till jorden för att utföra ett kritiskt uppdrag. Jag vill kalla mina bröder till min fars belöning och mitt rike. Om du accepterar min inbjudan lovar jag att ständigt hänge dig åt dina orsaker och lycksalighet. Vad begär Gud av dig för detta?

Var Kristus

För ungefär två tusen år sedan hade jordenprivilegiet att få Guds förstfödda. Känd som Jesus Kristus skickades av sin far för att föra Guds sanna ord och befria våra synder. Genom hans exempel, under hans trettiotre år, grävde Jesus den grundläggande grunden för den perfekta man som behagar Gud. Jesus kom för att klargöra grundläggande punkter i människans relation till Gud.

Messias liv var hans mod att överlämna sig till korset genom att tjäna som ett offer för syndiga mänskligheten. "Den sanna vännen är den som ger sitt liv för den andra utan reserverad och Kristus var ett levande exempel på det."

Att ge upp, ge upp för sig själv av brodern, hålla de uttryckliga och underförstådda budorden i de heliga böckerna och göra gott är alltid krav för att ärva Guds rike. Detta är Jesus kungarike, min och alla goda själar, var och en på hans förtjänta plats.

Kultivera friska, njutbara och mänskliga värderingar genom att hjälpa till med universums kontinuerliga utveckling och du kommer att plantera ett gott frö mot det eviga kungariket. Håll dig borta från dåligt inflytande och stötta inte några av dina metoder. Du vet hur man skiljer gott från ondskan. Var försiktig.

Världen vi lever i är en värld av utseende där den är värd mer än att vara. Gör det annorlunda. Var undantaget och värdera vad det är värt. Samla skatter på himlen där tjuvar inte stjäl eller mal och rotfästa.

Efter allt som har talats med bra placeringar är det upp till en personlig eftertanke och en noggrann analys från er sida. Det är ditt fria val att integrera eller inte i detta kungarike, men om ditt beslut av en slump är ett ja som jag och alla himmelska krafter. Vi kommer att göra världen till en bättre värld genom att främja god och fred för alltid. Var en av "Kristus". I framtiden kommer vi att vara tillsammans med fadern i fullständig harmoni och njutning. Vi ses nästa gång. Gud är med dig.

De två vägarna

Valet

Jorden är en naturlig miljö där människor har placerats att interagera med varandra, lära och undervisa i enlighet med deras erfarenheter. Med fri vilja står människan alltid inför situationer som kräver beslutsfattande. För närvarande finns det ingen magisk formel för resolution, men analys av alternativ som inte alltid ger tillfredsställande resultat.

De misstag som gjorts i dessa val gör att vi har en mer kritisk anda och ett mer öppet sinne så att vi i framtiden kommer att få fler träffar på framtida val. Det är den så kallade erfarenheten av eftersom det bara uppnås med tiden.

Det är uppenbart att det finns två stränder som agerar i universum:

en elakare och en godartad. Även om ingen är helt dålig eller god, är våra övervägande handlingar som kommer att avgöra vår sida i denna tvist.

Min erfarenhet

Jag är son till andlig Gud, känd som Messias, Guds son, eller bara syndare. Jag föddes i en by i nordöstra inre, och det gav mig möjlighet att ta kontakt med mänsklighetens värsta sjukdomar.

Valen har verkligen en stor vikt i våra liv och särskilt på vår personlighet. Jag är jordbrukarnas son, jag uppfostrades med goda värderingar och följde dem alltid till brevet. Jag växte upp fattig, men jag saknade aldrig vänlighet, generositet, ärlighet, karaktär och kärlek till andra. Men jag räddades inte från det dåliga vädret.

Mitt enkla villkor var ett stort gissel: jag hade inga pengar till riktig mat, jag hade inte tillräckligt ekonomiskt stöd i mina studier, jag samlades in inomhus med lite social samverkan. Även om allt var svårt, bestämde jag mig för att kämpa för att söka efter bättre dagar var mitt första viktiga val.

Det var inte lätt. Jag led mycket, ibland förlorade jag hoppet, gav jag upp, men något innerst inne sa att Gud stöttade mig och förberett mig en väg full av prestationer.

Just nu hade jag redan gett upp, så agerade Gud och räddade mig. Han adopterade mig som son och återupplivade mig helt. Därifrån bestämde han sig för att leva i mig för att förvandla de närmaste människornas liv.

Bestämmelseland

oktober 1982

Det högre rådet sammanträdde snabbt för att diskutera en viktig fråga: Vad skulle den anda som ansvarar för att göra ett arbete? En av ledamöterna tog ordet genom att uttala följande:

Det här jobbet är avgörande. Vi måste välja någon som är helt förtrogen och som är beredd på att leva på jorden.

En het diskussion inleddes mellan medlemmarna, var och en med sitt förslag. Eftersom de inte nådde en överenskommelse genomfördes en snabb omröstning där den valda företrädaren valdes. Anden och ärkeängeln valdes för deras skydd.

När valet gjordes, andades Gud och andarna skickades till jorden. En för en slingrande kropp och en för en andlig kropp som kan överleva i jordens miljö. Det är så Guds och hans älskade ärkeängel kom till jorden och det är samma process för alla utvalda människor. Vi har alla den gudomliga väskan.

Uppdraget

Gudomlig föddes och uppkom i häpnadsväckande svårigheter någonstans i Pernambuco. En intelligent och snäll pojke har alltid varit till hjälp för människor i allmänhet. Även att leva med fördomar, elände och likgiltighet gav aldrig upp för livet. Detta är en stor prestation inför den politiska och sociala vanära i vilken Nordöst införs.

Vid 23 års ålder levde han med den första stora finansiella och personliga krisen. Problemen ledde honom till botten, en period som kallas själens mörka natt, där han glömde Gud och hans principer. Gudomlig föll utan stopp på en bottenlös klippa tills något förändrades, när han skulle falla ner i marken, agerade Gud ängel och befriade honom. Ära åt Gud!

Därifrån började saker förändras: han fick jobb, började college och började skriva för terapi. Även om situationen fortfarande var svår, hade den åtminstone möjligheter till förbättring.

Under de närmaste fyra åren har han avslutat college, bytt jobb, slutat skriva och började en uppföljning av sin gåva som började utvecklas. Så började sagan om siaren.

Meningen med vision

Gudomlig, mediacentren, behandlade sig på en privat klinik med en känd parapsykolog. Efter en lång behandling på sex månader kom slutligen till slutsatsen under den tolfte sessionen. Jag kommer att sammanfatta följande sammanträde:

St. Lawrence-kliniken låg i mitten av Atalanta, i Pernambuco, en enkel byggnad som försvann mitt i byggnaderna i vad som var huvudstaden i baklandet. Gudomlig kom klockan åtta på morgonen och doktorn var omedelbart närvarat. De gick till ett privat rum och när de kom dit, gick Hector Smith till huvudet. Den senare inledde kontakten:

"Jag har goda nyheter. Jag utvecklade en substans som kan förvandla dina andliga elektriska impulser till fotokemiska enheter genom min apparat. Beroende på resultaten kommer vi att nå en slutgiltig slutsats.

"Jag är rädd. Men jag vill veta hela sanningen. Varsågod, doktorn.

Det är toppen. (Doktor Hector Smith)

Med ett tecken förde Guds närhet till en märklig, cirkulär, omfattande apparat full av ben och kablar. Apparaten hade gillat en manuell läsare och parapsykologen hjälpte den unge mannen att lägga sina händer. Kontakten gav en intensiv chock i gudomlig och resultaten visade sig på en visningsmatch på andra sidan. Sedan drog Divine upp handen och doktorn tryckte automatiskt.

Han hade en glädje och återvände för att kommunicera:

Det var det jag misstänkte. Visionerna du har är en del av en naturlig process som är förknippad med ett annat liv. Ditt mål är att bara vägleda dig på vägen. Inga kontraindikationer.

"Menar du att jag är normal?

"Normal. Låt oss säga att du är speciell och unik på planeten. Jag tror att vi kan stanna här. Jag är nöjd.

"Tack för din hängivenhet och engagemang i min sak. Vänskap stannar.

"Jag säger samma sak. Lycka till, Guds son.

"Till dig också, farväl.

Hej då.

Men de två gick iväg direkt. Denna dag markerade uppenbarelsen av Guds visioner och därifrån skulle hans liv följa normala kurs.

Med avslöjandet om visionerna beslutade Guds vilja att fortsätta i arbetet och återuppta skrivandet. På grund av sin gåva kallade han sig "profet" och började bygga den litterära serien av samma namn. Allt han hittills byggt upp visade honom hur värdigt det var att arbeta för ett uppdrag som Gud hade anförtrotts.

Gudomlig lever för närvarande med optimism. Även om livet fortfarande predikar överraskningar för honom, fortsätter han med sina mål genom att visa sin persons värde och tro. Han är ett exempel på att livet och dess svårigheter inte har förstörts.

Hemligheten till dess framgång ligger i tron på en större kraft som driver allt som existerar. Beväpnad av denna styrka är det möjligt för människan att övervinna hinder och uppfylla sitt öde reserverat i livlinorna.

Hemligheten är att leva med glädje och tro och hopp, omvandla hans arbete för hela universum och det här är vad Divine vill göra med sin litteratur.

Lycka till med honom och alla som bidrar till kulturen i landet. Lycka till med alla och en kärleksfull kram.

Autenticitet i en korrumperad värld

Sorg i svåra tider

De orättfärdiga förgås och försöker oftast lägga skulden på Gud och andra. Han inser inte att han når frukterna av sitt arbete, av sitt vansinne när han försöker leva orubbligt och fullt av laster. Rådet är att jag inte oroar mig för andras framgångar eller avundas honom. Försök förstå och hitta din egen väg genom goda verk. Var ärlig, sann och äkta framför allt, och då kommer segern att vinna. De som litar på Gud kommer att bli besvikna på nolltid.

Leva i en korrumperad värld

Världen är i dag mycket dynamisk, konkurrenskraftig och full av våld. Att vara bra nuförtiden är en utmaning. Ofta trogna situationer med svek, lögner, avund, girighet, hopplöshet. Min far söker motsatsen av detta: vänlighet, samarbete, välgörenhet, kärlek, beslutsamhet, klo och tro. Gör ditt val. Om du väljer bra, lovar jag din hjälp i alla dess orsaker. Jag ska be min far om hans drömmar och han lyssnar på mig för allt är möjligt för dem som tror på Gud.

Att odla solidariska värden som ger dig säkerhet och frihet. Din fria vilja bör användas för din ära och välbefinnande. Välj att bli ett gott sändebud. Men om du går mörkrets väg, kan jag inte hjälpa dig. Jag ska vara ledsen, men jag respekterar ditt beslut. Du är helt fri.

Framför ett hav av lera är det möjligt att filtrera bra vatten och det är vad jag vill göra med dig. Det förflutna spelar ingen roll längre. Jag ska göra dig till framtidens man: lycklig, tyst och uppfylld. Vi kommer att vara lyckliga för evigt inför Gud Fadern.

Så länge det goda finns kommer jorden att förbli

Oroa dig inte för de astronomiska förutsägelserna om slutet på jorden. Här är nån som är större än jag, så länge det finns gott på jorden kommer livet att finnas kvar, så jag önskar. När tiden går framåt, sprider ondskan på jorden och förorenar mina plantager. Det kommer en tid då allt kommer att bli fullbordat och skilja mellan gott och ont kommer att ske. Mitt kungarike kommer att få dig att göra de trogna framgångar. Denna dag skall Herren betala skulderna och fördelningen av gåvorna.

Mitt kungarike är ett kungarike av glädje där rättvisa, faderns suveränitet och gemensam lycka kommer att segra. Alla, stora och små, kommer att buga för sin ära. Amen.

De rättfärdiga kommer inte att skakas

Mitt i stormar och jordbävningar, var inte jag. Före dig finns det en stark Gud som kommer att försörja dig. Hans äkthet, heder, trohet, generositet och vänlighet räddade honom. Deras broderliga handlingar kommer att leda dem före den store, och ni kommer att anses vara kloka. I livet har du visat tillräckligt för att vara berättigad och förhöjd. Levande!

Var ett undantag

Jag är rättfärdig, jag går med integritet, jag talar sanning, jag förtalar mig inte och jag gör ingen skada för andra. Jag är undantaget i en värld där makt, prestige, inflytande och utsidan är viktigast. Därför ber jag er, sir, skydda mig med era vingar och er sköld från alla mina fiender. Må min äkthet bära frukt och ge mig en av de stora genom att förtjäna.

De som föraktar rättfärdighet och rättvisa vet varken ni eller era budskap. De skall tas från din lada och kastas på Mo, i Eldens sjö och svavel där de skall betala dygnet runt utan att de skall upphöra. Alla som har öron som lyssnar.

Min fästning

Min styrka är min tro och mina verk vittnar om min godhet. Jag kan inte få nog av att hjälpa andra av min egen fria vilja. Jag får inget i gengäld, mitt pris kommer från himlen. På Herrens dag, när jag samlas i dina armar, ska jag ha bevis på att mina ansträngningar har varit värt det.

Min Gud är den omöjliga guden och hans namn är Gud. Han har gjort oräkneliga underverk i mitt liv och behandlar mig som en son. Välsignad vare ditt namn. Låt oss också vara med i denna goda kedja: Hjälp de drabbade och de sjuka, hjälpa de behövande och ge de okunniga råd, ge goda råd, som inte kan återbetala, och då kommer din belöning att bli stor. Hans boning skall vara i himlens rike före mig och min fader och då skall ni få smaka på sann lycka.

Värdena

Upprätta de värden som föreslås i budorden och gudomliga lagar. Bygg din äkthet och lämplighet. Det är väl värt att vara en apostel av skönheten på jorden, du kommer att få underbara gåvor och nåd som gör dig lycklig. Lycka till och framgång i era strävanden är vad jag önskar av hela mitt hjärta.

Söker inre fred
Skaparen Gud

Universum och allt som finns i det är den helige Andes arbete. Huvudsakliga egenskaper hos denna härlighet är kärlek, trohet, generositet, styrka, makt, suveränitet, barmhärtighet och rättvisa. Goda saker när de når perfektion assimileras av ljus och onda saker absorberas av mörker och sänks till lägre grader i nästa inkarnation. Himlen och helvetet säger bara tankar och inte specifika platser.

Äkta kärlek

Trots att han är en stor och mäktig Gud tar hand om var och en av sina barn personligen eller genom sina tjänare. Han söker vår lycka till varje pris. Som en mor eller far stöder han oss och hjälper oss genom svåra tider genom att avslöja en obegriplig kärlek för människor. På jorden finner vi inte hos män som är så rena och intresserade av kärlek.

Känn igen dig själv syndare och begränsad

Arrogans, stolthet, självförtroende, illusion och självförtroende är onda fiender till mänskligheten. Kontaminerade, de inser att de bara är en enkel massa damm. Jag som skapade solen, svarta hål, planeter, galaxer och de andra stjärnorna, skryter inte om det, desto mer du. Överlämna till min makt och ta nya attityder.

Den moderna världens inflytande

Världen skapar oändliga hinder mellan människan och Skaparen. Vi lever omgivna av teknik, kunskap, möjligheter och utmaningar. I en sådan tävlingsvärld glömmer man rektorn, sin relation till dig. Vi måste vara som de gamla lärarna som sökte Gud utan tvivel och som har mål enligt hans vilja. Bara på det sättet kommer framgången till dig.

Hur man integrerar sig med fadern

Jag är livsbevis på att Gud finns. Skaparen har förvandlat mig från en liten grott drömmare till en internationellt erkänd man. Allt detta var möjligt för att jag integrerade med min far. Hur var det möjligt? Jag avstod från min individualitet och lät ljusets krafter agera helt i mina relationer. Gör som jag gör och stiger in i vårt rike av glädje där mjölk och honung flödar, det paradis som utlovats till israeliterna.

Kommunikationsbetydelsen

Glöm inte dina religiösa förpliktelser. När du kan eller åtminstone en gång om dagen, be för dig och världen. Samtidigt kommer din själ att vara full av nåd. Endast de som är ihärdiga kan åstadkomma miraklet.

Det ömsesidiga beroendet och visdomen i saker

Se på universum, och du kommer att se att allt har en anledning och en funktion även om det är litet för hela funktionen. Så också är det med gott som är en legion som är villig att kämpa för oss. Känn guden inuti dig.

Skyll inte på någon

Skyll inte på ödet eller Gud för resultatet av era val. Tvärtom, reflektera över dem och försök att inte göra samma misstag. Varje erfarenhet bör tjäna som ett lärande som assimileras.

Att vara en del av en helhet

Underskatta inte ditt arbete på jorden. Ha det lika viktigt för din utveckling och andras. Välsignad att vara en del av livets stora teater.

Klaga inte

Oavsett hur mycket ditt problem försöker livet visa att det finns människor i värre situationer än ditt. Det visar sig att mycket av vårt lidande är psykologiskt påtvingat av en idealiserad hälso- och välfärdsstandard. Vi är svaga, korrupta och naiva. Men de flesta tror att du är en evig superhjälte.

Se ur en annan synvinkel

Försök lugna ner dig. Märk situationen ur en annan synvinkel och sedan kommer det som i första hand ser ut som en dålig sak säkert att få sina positiva sidor. Koncentrera dig och försök att ta en ny riktning för ditt liv.

En sanning

Vi drunknar i våra bekymmer att vi inte ens inser de små gåvorna, mirakel och rutinmässiga nåd vi får från himlen. Var glad över det. Med lite ansträngning kommer du att bli välsignad ännu mer eftersom min far önskar dig allt gott.

Tänk på det andra

När dina tankar är höga i oro för din bror, himmelska fester. Vår ande är ljus och redo för högre flygningar. Gör alltid den här övningen.

Glöm problemen

Träna kreativitet, läsning, centralisering, meditation, välgörenhet och konversation så att problem inte drabbar din själ. Lasta inte av den tunga last du bär på andra som inte har med dina personliga problem att göra. Gör din dag mer fri och produktiv genom att vara vänlig.

Ansiktsfödsel och död som processer

Att födas och dö är naturliga händelser som måste ses med stillhet. Det största problemet är när man lever för att omvandla våra attityder till fördelar i första hand för andra. Döden är bara en passage som leder oss till en högre existens med priser som motsvarar våra ansträngningar.

Odödlighet

Människan blir evig genom sina verk och värderingar. Detta är arvet som kommer att lämna för framtida generationer. Om frukterna av träden är mer onda än själen inte har något värde för skaparen som plockas och kastas i det yttre mörkret.

Ha en proaktiv attityd

Stå inte bara där. Sök kunskap om nya kulturer och träffa nya människor. Ditt kulturella bagage kommer att bli större och resultaten blir därför bättre. Var en vis man också.

Gud är ande

Kärlek kan inte synas, känner du. Så också är med Herren, vi kan inte se honom, men vi känner dagligen i våra hjärtan hans broderliga kärlek. Tacka varje dag för allt han gör för dig.

En vision av tro

Tro är något att bygga i vårt dagliga liv. Mata henne med positiva tankar och fasta inställningar till hennes mål. Varje steg är viktigt på denna möjliga långa resa.

Följ mina budord

Hemligheten om framgång och lycka ligger i att följa mina budord. Det är ingen idé att förklara med ord att du älskar mig om du inte följer vad jag säger. De som älskar mig är de som följer min lag och vice versa.

Den döda tron

Varje tro utan verk är verkligen död. Vissa säger att helvetet är fullt av goda avsikter och i detta ligger en stor sanning. Det är ingen idé att vara villig, men du måste bevisa att du älskar mig.

Har en vision till

Allt lidande eller nederlag är inte helt ondskefullt. Varje negativ erfarenhet vi upplever ger kontinuerlig, stark och varaktig inlärning i våra liv. Lär dig att se det positiva, så blir du gladare.

Från svaghet kommer styrka
Vad man ska göra i en känslig ekonomisk situation

Världen är dynamisk. Det är vanligt att ha stora välståndfaser tillbaka till perioder av stora ekonomiska svårigheter. De flesta människor när de är i en bra tid glömmer att fortsätta strida och religiösa delen. De känner sig självständiga. Det här misstaget kan leda dem till en mörk avgrund från vilket det kommer att bli svårt att fly. Just nu är det viktiga att analysera situationen kallt, identifiera lösningarna och slåss med stor tro på Gud.

Med religiöst stöd kommer du att kunna övervinna hinder och hitta sätt att återhämta dig. Skyll inte på dig själv för mycket för ditt misslyckade förflutna. Det viktiga är att gå vidare med ett nytt sinne som är allierat till den grymhet och tro som kommer att växa i ditt hjärta när du ger ditt liv till min far. Tro mig, han kommer att vara den enda frälsningen för alla dina problem.

Mannen har fått veta att allt kommer att beviljas honom så länge han alltid går vägen till gott. Straffa därför sträva efter att hålla budorden från heliga skrifter och helgonens rekommendationer. Var inte stolt över att förringa dem, för de kan känna igen Gud mitt i spillrorna. Tänk på det och lycka till.

Att möta familjeproblem

Sedan vi föddes har vi integrerats i den första människogemenskap som är familjen. Det är grunden för våra värderingar och referenser i våra förbindelser. Den som är en bra far, make eller son kommer också att vara en stor medborgare som fullgör sina plikter. Liksom alla grupper är meningsskiljaktigheter oundvikliga.

Jag ber er inte att undvika friktion, det är praktiskt taget omöjligt. Jag ber er att respektera varandra, samarbeta med varandra och älska varandra. Familjen som är enad kommer aldrig att ta slut och tillsammans kan besegra stora saker.

Det finns också en andlig familj som konsolideras i himlen: Konungariket Jesus och Guds. Detta kungarike predikar rättvisa, frihet, förståelse, tolerans, brödraskap, vänskap och framför allt kärlek. I denna andliga dimension finns ingen smärta, gråt, lidande eller död. Allt har lämnats bakom sig och de utvalda trogna klär sig med en ny kropp och ett nytt väsen. Som det står skrivet, "De rättfärdiga skall skina som solen i deras faders rike."

Överlever en sjukdom eller till och med döden

Fysisk sjukdom är en naturlig process som inträffar när något inte passar vår kropp bra. Om sjukdomen inte är svår och övervinns spelar den naturliga rensningen av själen som konsoliderar ödmjukhet och enkelhet. Vid sjukdomens lidande är vi i en tid av vår smärta och samtidigt översvämmar vi med Guds storhet som kan göra allt.

Vid dödlig sjukdom är det definitiva passet till en annan plan och enligt vårt uppförande på den marknad vi tilldelas i den specifika planen.

Möjligheterna är: helvetet, limbo, himlen, människornas och skärseldens stad. Var och en är avsedd för en av dem enligt deras evolutionära linje. Just nu får vi bara vad vi förtjänar, inte mer eller mindre.

För dem som stannar på jorden följer längtan efter familjens kvarlevor och liv. Världen är ingen som kan stanna, absolut ingen är oersättlig. Men goda verk finns kvar och vittnar för oss. Allt går över, utom Guds makt, som är evigt.

Möt dig själv

Var är min lycka? Vad ska man göra för att hålla sig på jorden? Det är vad många frågar. Det finns inte mycket till handelshemlighet, men det är vanligtvis de som ägnar sin tid åt andras bästa och mänskligheten. Genom att tjäna andra känner de sig fulla och är mer villiga att älska, relatera och vinna.

Utbildning, tålamod, tolerans och fruktan för Gud är viktiga faktorer för att bygga en sällsynt och beundransvärd personlighet. Genom att göra detta kommer människan att kunna finna Gud och veta exakt vad han önskar för sitt liv. Du kanske tror att du är på rätt spår, men utan dessa egenskaper kommer du bara att vara en bluff. Man älskar bara människor som verkligen ger upp och som förstår varandras sida. Lär mig att jag är ren, medveten om mina gudar, gudars gudar, guds handlingar som ägnar sig åt mina projekt, förståelse, välgörenhet och kärlek. Det blir speciellt för min far och världen kommer att hållas. Kom ihåg: Nej för det större än avgrunden eller mörker i ditt liv, från svaghet kommer styrka.

Sophia

Rättvisa

Rättvisa och orättvisa är tröskelvärden för varandra, och de är mycket relativa. Låt oss dela upp det i två grenar: Guds rike och människorikets rike. Gud är nära kopplad till Gud suveränitet, vilket visas genom hans budord, totalt 30 enligt min vision. Det är en praktisk fråga: Antingen följer du Guds normer eller inte och för dem som vägrar se storheten av dessa mål förblir det sorgliga om en själ har gått förlorad. Men upproriska själar som lyckas åter kan tro på Gud nåd, hans helige fader. Gud, fadern är en av oändliga uppdrag.

Mänsklig rättvisa har sina riktlinjer i alla nationer. Män med tiden strävar efter att garantera fred och rätt på jorden, även om detta inte alltid sker. Detta beror på en föråldrad lagstiftning, korruption, fördomar mot minderåriga och självt mänskliga misslyckanden. Om du känner dig felaktig som jag någonsin har känt dig som Gud. Han kommer att förstå smärtan och se till att segern blir rätt tillfälle.

Orättvisa i alla avseenden är en ond av gammal och modern mänsklighet. Det måste bekämpas så att de rättfärdiga kan få det som är ert. Vad som inte kan hända är att försöka göra rättvisa? Kom ihåg att det inte är Gud att döma och fördöma någon.

"När jag anropar dig, svara mig, min rättfärdiges Gud."

Frigivningen vid rätt tidpunkt

Vi är andliga varelser. Vid någon tidpunkt i vår existens i himlen, är vi utvalda och inspärrade i en människa vid befruktningstillfället. Målet är att fullfölja uppdraget genom att utvecklas med andra människor. Vissa med större uppdrag och andra med mindre, men alla med en funktion som planeten inte kan ge upp.

Vår första kontakt är inom en familj, och det är vanligtvis med dessa människor som vi lever längre och under hela våra liv. Inte ens barnen som gifter sig med familjebandet är släckta.

Med social kontakt har vi tillgång till andra åsikter. Det är precis där faran ligger. I dag har vi en enorm generation ungdomar som söker den onda sidan. De är tonåringar och vuxna som inte respekterar sina föräldrar, dyrkar drogen och stjäl och dödar. Även så kallade pålitliga människor kan dölja en fara när de försöker påverka oss att göra ondska. Det finns också den andra sidan: Bomberad av falska, våld, mobbning, fördomar, lögner, illojalitet många förnekare av mänskligheten och nära nya vänskaper. Det är bra att tänka på att det är svårt att hitta pålitliga människor, men om man är en av dessa lyckliga, håll dem på höger och vänster sida av bröstet resten av livet.

När du faller i olycka, vänd dig till dina vänner eller nära släkt och om du fortfarande inte finner stöd söker Gud tillflykt vid rätt tidpunkt. Han är den enda som inte överger honom längre eftersom hans situation är skakig. Ge din smärta och tro på bättre dagar till Gud av det omöjliga, och du kommer inte att ångra dig.

"I ångest tröstade du mig. Var barmhärtig mot mig och lyssna på mig. (Psalm 4.2)

Förvandlingen av världen mot Guds väg

Världen är det stora område där Guds barn och djävulen arbetar för sina orsaker. Som i alla världar som släpar efter i evolutionen lever vi en blodig dubbelhet som människor i grupper som tillsammans bildar samhället.

Även om vi säger att de flesta har goda avsikter, ser du en vitalisering av sunt förnuft. De flesta föredrar världens saker framför Guds saker. Människor vill ha makt, pengar, konkurrerar om prestige, sjunka på oregelbundet partier, utslagning och främmande välgörenhet, utöva skvaller och förtal den andra, föredrar att klättra hierarkins omfattning genom att lura, fördöma och passera över andra. Jag, som Gud företrädare, tvivlar inte på att dessa människor inte är Guds. De är döttrar till djävulen som skall brännas skoningslöst i avgrunden. Det är ingen dom, det är verkligheten i planteringsrelationen.

Om du har värderingar och tror på goda krafter, ber jag dig att vara en del av din fars rike. Genom att avstå från världen kommer du äntligen att se vår guds storhet och godhet. En far som accepterar dig som du är och som älskar dig med kärlek som är större än din förståelse når. Gör ditt val. Här är allt flyktigt och bredvid oss kan man uppleva vad ordet betyder "Full lycka".

Hur länge skall du låta hans hjärta härdas, kärleksfåfänga och söka lögnen?

Jag lär känna Gud

Gud är den underbaraste att vara där. Av min erfarenhet har jag känt ansiktet på den här kärleksfulla fadern som alltid vill ha vårt bästa. Varför inte ge honom en chans? Ge dina kors och hoppas på honom så att en stark hand kan förändra ditt liv. Jag garanterar att du inte blir dig lik längre. Jag hoppas verkligen att ni kommer att återspegla dessa få ord och fatta ett definitivt beslut i ert liv. Dessutom väntar jag på dig. Lycka till. Jag älskar er, bröder!

De rättfärdiga och förhållandet med Gud
Förhållandet med Gud

Tacka alltid din andliga far för alla nåder som skänkts hela hans liv. Att känna tacksam och glad att Gud gav honom liv är en skyldighet. Hans namn är heligt och täckt av ära i alla delar av världen. Om det uppstår en nödsituation eller behöver hjälp, och det kommer säkert att öppna sina sätt att visa en definitiv lösning på ditt problem.

På tal om problem, många av dem har som orsaken till deras fiendes agerande. Överklaga med självförtroende för min far och alla som vill ha ondska kommer att snubbla. Du ska veta att Gud fadern alltid kommer att vara vid din sida, lita mer på honom. De rättfärdiga vilar alltid av fadern. Men du måste försöka med dina. Gör fienden till en nära och trogen vän eller ha ett vänskapligt förhållande. En intrig håller själen i mörker, borta från gudomliga handlingar och ingen idé att klaga över frånvaron, har du själv hållit den borta med ditt agg och förakt mot andra. Tänk på det.

Ja, Gud kommer att älska er och uppfylla era förväntningar i den utsträckning ni har gjort mot andra. Se till att om du ger upp helt, kommer han att få sitt folk att kämpa för dig i alla interna och externa krig som inträffar. Han kommer att kunna öppna havet eller förgöra nationer för hans goda, för att du med tro har vänt dig till honom.

Han gör så att han kan sjunga sin ära och i den skamliga själen förenas med de utvalda själarna för att återfå Jesus. Guds rike byggs litet för litet och de flesta av dess medlemmar är de fattiga och ödmjuka. I denna andliga dimension finns det bara fred, lycka, tro, jämlikhet, samarbete, broderskap och kärlek utan gränser bland sina medlemmar. De som vill följa mörkrets väg är nu Eldens och svalens sjö, där de skall plågas dag och natt på grund av deras svåra synder.

Det här kallas gudomlig rättvisa. Rättvisa ger vad alla förtjänar med rätt och han gör det för att hedra de förtryckta minoriteterna, de fattiga, alla småbarn i världen som lider underordnad den konservativa eliten. Förutom rättvisa finns gudomlig barmhärtighet och ogenomträglig. Därför är han Gud, någon som alltid kommer att vara med öppna armar för att ta emot sina barn.

Vad du borde göra

Jag träffade den gudomliga fadern i mitt livs svåraste ögonblick när jag var död och mina förhoppningar tog slut. Han lärde mig sina värderingar och rehabiliterade mig helt. Han kan göra detsamma med dig. Allt du behöver göra är att acceptera hans ärorika namn i hans liv.

Jag följer några grundläggande värderingar: först kärlek, förståelse, respekt, likvärdighet, samarbete, tolerans, solidaritet, ödmjukhet, frihet och hängivenhet till uppdraget. Försök att ta hand om ditt liv och förtala inte det andra eftersom Gud domare hjärtan. Om någon skadar dig, vänd inte om, vänd andra kinden och övervinn ditt agg. Alla missar och förtjänar en ny chans.

Försök att uppta ditt sinne med arbete och fritidsaktiviteter. Dödlighet är en farlig fiende som kan leda dig till den ultimata ruinen. Det finns alltid något att göra.

Försök också stärka din andliga del, frekvent din kyrka ofta och få råd från din andliga guide. Det är alltid bra att ha en andra åsikt när vi tvivlar på att ett beslut skall fattas. Var försiktig och lär av dina misstag och framgångar.

Framför allt, var dig själv i alla situationer. Ingen fuskar till Gud. Agera med enkelhet och var alltid trogen att Gud kommer att anförtro er ännu större ställningar. Deras storhet i himlen kommer att kvantifieras i deras slarv, den minsta av jorden kommer att hedras med särskilda platser, nära ljuset.

Jag ger dig allt mitt hopp

Lord Gud, du som ser mina ansträngningar dag och natt ber om vägledning, skydd och mod att fortsätta bära mina kors. Välsigna mina ord och handlingar så att de alltid är bra, besegrade min kropp, min själ och mitt sinne. Må mina drömmar besannas inget hav så långt de kan vara. Låt mig inte vända mig till höger eller vänster. När du dör, ge mig nåden att leva med de valda. Amen.

Vänskap

Det är en riktig vän som är med dig i de dåliga tiderna. Han försvarar dig med sin själ och liv. Låt dig inte luras. I tider av malmåder kommer du alltid att vara omgiven av människor med de mest varierade intressena. Men i mörka tider finns bara de sanna kvar. Mest din familj. De som antyder så mycket och vill ha sitt goda är sina sanna vänner. Andra kommer alltid nära på grund av fördelar.

"Du äter bara honungsbröd med mig om du äter gräs med mig." Denna sanna fras sammanfattar vem vi ska ge verkligt värde till. Den passerande rikedom lockar många intressen och människor förvandlas. Jag vet hur man funderar på saker. Vem var med dig utarmad? Det är de som förtjänar din förtroende. Låt dig inte luras av de falska passioner som gjorde ont. Analysera situationen. Skulle det någon ha samma känsla för dig om du var en fattig tiggare? Meditera på den, så hittar du svaret.

Den som förnekar dig offentligt är inte värdig sin kärlek. Den som är rädd för samhället är inte beredd att vara lycklig. Många människor som är rädda för att bli avvisade på grund av sin sexuella läggning förkastar sina partner offentligt. Detta orsakar allvarliga psykologiska störningar och ihållande känslomässig smärta. Det är dags att tänka om. Vem älskar dig? Jag är säker på att den här personen som avvisade dig offentligt inte är en av dem. Ta mod och ändra på ditt livs bana. Lämna det förflutna bakom dig, gör en bra plan och gå vidare. När du slutar lida för den andra och tar dina tyglar blir din väg lättare och lättare. Var inte rädd och ta en radikal attityd. Bara det kan befria dig.

Förlåtelse

Förlåtelse är ytterst nödvändig för att uppnå sinnesfrid. Men vad betyder det att förlåta? Förlåtelse är inte att glömma. Att förlåta är att avsluta en situation som har gett dig sorg. Det är omöjligt att radera minnen av vad som hände. Det här tar du med dig resten av livet. Men om du fastnar i det förflutna, kommer du aldrig att leva i nuet och du kommer inte att bli lycklig. Låt inte de andra ta bort din frid. Förlåt att jag går vidare och lever nya upplevelser. Förlåtelse kommer äntligen att befria dig, och du kommer att vara redo att få en ny vision om livet. Mannen som fick dig att lida kan inte förstöra ditt liv. Tänk att det finns andra goda män som kan ge dig goda tider. Ha en positiv inställning. Allt kan bli bättre när du tror på det. Våra positiva vibrationer påverkar våra liv på ett sådant sätt att vi kan segra. - Jag har inga negativa attityder. Detta kan leda till destruktiva resultat. Gör dig av med all ondska som går genom själen och filtrerar bara gott. Behåll det som tillför dig bra saker. Tro mig, ditt liv kommer att bli bättre efter den här attityden.

Prata med din otäcka uppriktigt. Förklara dina förväntningar. Förklara att du har förlåtit, men du ger det inte en andra chans. Att återuppleva ett kärleksfullt förflutet kan vara mycket destruktivt för båda. Det bästa valet är att ta en ny riktning och försöka vara lycklig. Alla förtjänar lycka, men alla tror inte på det. Jag vet hur man väntar på Guds tid. Var tacksam för det goda du har. Fortsätt leta efter dina drömmar och din lycka. Allt händer vid rätt tidpunkt. Skaparen har perfekta planer, och vi vet inte ens hur vi ska förstå. Ge ditt liv till Guds design, så löser allt. Omfamna ditt uppdrag med glädje, så får du njuta av att leva. Känslan av förlåtelse förändrar ditt liv på ett sätt som du aldrig tänkt på och den dåliga händelsen kommer bara att vara ett föråldrat hinder. Om man inte lär sig att älska, lär man sig av smärta. Detta är ett ordspråk som är tillämpligt på den situationen.

Hittar du?

Varje person har en särskild och unik bana. Det är ingen idé att följa några parametrar. Det viktiga är att undersöka möjligheterna. Att ha tillräckligt med information är av största vikt för att fatta ett professionellt eller kärleksfullt beslut. Jag anser att den ekonomiska faktorn bör övervägas, men den bör inte vara nödvändig i ert beslut. Ofta är det som gör oss lyckliga inte pengar. Det är situationer och känslor i ett visst område. Upptäck din gåva, fundera på din framtid och bestäm. Var nöjd med dina val. Många av dem förändrar vårt öde. Tänk efter innan valen.

När vi gör rätt val, flödar allt i vårt liv perfekt. De rätta valen leder oss till konkreta och varaktiga resultat. Men om du gör ett misstag i ditt beslut, ändra dina planer och försök att få det rätt nästa gång. Du kommer inte att gottgöra förlorad tid, men livet har gett dig en ny chans till framgång. Vi har rätt till varje chans att livet ger oss. Vi har rätt att försöka så många gånger som vi behöver. Vem har aldrig gjort ett misstag i sina liv? Men respektera andras känslor. Respektera andras beslut. Acceptera ditt misslyckande. Det kommer inte att minska din kapacitet. Omfamna din nya start och synd inte igen. Minns du vad Jesus sa? Vi kan förlåta, men du måste skämmas och ändra din attityd. Först då är du beredd att bli lycklig igen. Tro på dina egenskaper. Ha bra etiska värderingar och förödmjuka dig inte för någon. Gör en ny historia.

Hur man bor på jobbet

Arbetet är vårt andra hem, förlängningen av vår lycka. Det måste vara en plats för harmoni, vänskap och delaktighet. Detta är dock inte alltid möjligt. Varför händer det här? Varför är jag inte glad på jobbet? Varför förföljs jag? Varför jobbar jag så hårt och är fortfarande fattig? Dessa och många andra frågor kan diskuteras här.

Arbete är inte alltid harmoniskt eftersom vi lever med olika människor. Varje person är en värld, har sina problem och den påverkar alla omkring. Det är där slagsmålen och oenigheterna sker. Det här orsakar smärta, frustration och ilska. Du drömmer alltid om en perfekt arbetsplats, men när det blir besvikelse, så ger det dig obehag. Vi var olyckliga.

Ofta är hans arbete hans enda ekonomiska stöd. Vi har inget val att avgå trots att vi ofta vill ha det. Du avbryter och upprör. Men han stannar i jobbet av nödvändighet.

Varför jagas vi av chefer och kollegor? Det finns många skäl: avund, fördomar, auktoritär, hopplöshet. Det markerar oss för alltid. Detta skapar en känsla av underlägsenhet och desillusion. Det är hemskt att behöva hålla freden när man vill skrika till världen. Du gör ett perfekt jobb, och du är inte igenkänd. Du får inga komplimanger, men din chef kritiserar dig. Dessutom slår du tusen gånger, men om du gör ett misstag när du kallas inkompetent. Även om jag vet att problemet inte finns i dig, så skapar det konsekventa traumasynder i ditt sinne. Du blir ett arbetsobjekt.

Varför jobbar jag så hårt och är fattig? Det måste vara en reflektion. Vi lever i kapitalism, ett vilt ekonomiskt system där de fattiga utnyttjas för att skapa rikedom för de rika. Detta sker inom alla sektorer av ekonomin. Men att vara anställd kan vara ett alternativ. Vi kan bedriva nästan alla sektorer med små pengar. Vi kan skapa våra affärer och bli chefer. Det ger oss otroligt självförtroende. Men inget kan göras utan planering. Vi måste utvärdera den positiva och negativa sidan så att vi kan bestämma vilket som är det bästa sättet. Vi behöver alltid ha en bakgrund, men framför allt måste vi vara lyckliga. Dessutom måste vi vara proaktiva och bli föremål för vår historia. Vi måste hitta mötesplatsen för våra behov. Kom ihåg att du är den enda som vet vad som är bäst för dig.

Att bo med hårt humör på jobbet

Ofta hittar man på jobbet som en värsta fiende. Den tråkiga personen som jagar dig och uppfinner saker för att skada dig. Andra gillar dig inte utan anledning. Det här är så smärtsamt. Att leva med fiender är hemskt. Det krävs mycket kontroll och mod. Vi måste förstärka den psykologiska sidan för att övervinna alla dessa hinder. Men det finns också ett alternativ. Du kan byta jobb, begära förflyttning eller skapa ditt eget företag. Att förändra miljöer hjälper ibland mycket till den situation man befinner sig i.

Hur man hanterar brott? Hur reagerar man inför verbala attacker? Jag tycker inte det är bra att hålla tyst. Det ger ett falskt intryck av att du är en dåre. Reagera. Låt ingen skada dig. Man måste skilja på saker. Det är en sak för din chef att samla resultat från ditt arbete, och en annan sak är att jaga dig. Låt ingen kväva din frihet. Var självständig i era beslut.

Förbereder sig på en självständig arbetsinkomst

För att kunna lämna arbetet och vara oberoende måste vi analysera marknaden. Investera din potential i det du vill göra mest. Det är bra att jobba på vad du vill. Man måste kombinera lycka med finansiella inkomster. Arbeta och skapa en bra finansiell reserv. Investera då med planering. Beräkna alla dina steg och steg. Forskning och samråd med experter. Var säker på vad du vill. Med ett sätt att gå, blir allt lättare för dig.

Om ditt första alternativ inte fungerar, omvärdera din väg och fortsätter med dina mål. Tro på din potential och talang. Mod, beslutsamhet, djärvhet, tro och ihärdighet är de viktigaste delarna av framgång. Sätt Gud först och allt annat kommer att läggas till. Ha tillit till dig själv och var lycklig.

Analysera alternativ för specialisering i studier

Studier är avgörande för arbetsmarknaden och för livstids skull. Kunskap Aggregat och förvandlar oss. Att läsa en bok, att ha ett yrke och att ha en bred syn på saker hjälper oss att växa. Kunskap är vår makt mot okunnighetens attacker. Det tar oss på en tydligare och mer exakt väg. Därför är du specialiserad på ditt yrke och vara en kompetent yrkesverksam. Var originell och skapa konsumenttrender. Befria dig från pessimism, ta fler risker och envisas. Tro alltid på dina drömmar, för de är din kompass i mörkrets dal. Vi kan göra allt i honom som stärker oss.

Forska om ditt område. Skapa mekanismer för inlärning. Uppfinna dig själv. Att bli vad du alltid drömt om kan vara möjligt. Allt som krävs är en handlingsplan, planering och viljestyrka. Skapa din framgång, så blir du lycklig. Mycket framgångsrikt för dig.

Hur man bor i familjen

Familjen är de som bor med dig, oavsett om de är släkt eller inte. Det är den första familjekärnan du är en del av. I allmänhet består denna grupp av far, mor och barn.

Att ha familj är av grundläggande betydelse för mänsklig utveckling. Vi lär oss och undervisar i den här lilla familjens kärna. Familjen är vår bas. Utan henne är vi ingenting. Därför känner känslan av att tillhöra något fyller själen med människan.

Men när vi lever med svartsjuka eller onda människor, kan det hindra vår personliga utveckling? I detta fall gäller följande ord: "Bättre än dåligt åtföljt". Man måste också växa, erövra sina utrymmen och bilda sin familj. Det är en del av livs natur.

Hur man respekterar och respekterar

Den största regeln i en familj bör vara respekt. Även om de kan leva tillsammans, så ger det inte den andra den andra att lägga sig i. Bekräfta den positionen. Ha ditt jobb, ditt rum, ditt folksaker separat. Varje familj måste ha sin personlighet, handling och önskningar respekterad.

Leva tillsammans eller lämna hemmet och ha mer privatliv? Många unga människor ställer sig ofta denna fråga. Av min personliga erfarenhet är det bara värt att lämna huset om du har något stöd utanför hemmet. Tro mig, ensamhet kan vara värst av dina fiender och remissbehandla dig mycket.

Jag levde ut i fyra månader med ursäkten att jag skulle vara närmare jobbet. Men jag försökte hitta kärlek. Jag trodde att det skulle bli lättare att söka i storstan. Men det var inte det som hände. Folk har blivit komplicerade i den moderna världen. I dag är det materialism, självskhet och ondska.

Jag bodde i en lägenhet. Jag hade mitt privatliv, men jag kände mig olycklig. Dessutom har jag aldrig varit en ung fest eller druckit. Att leva ensam är inte så mycket. Till slut insåg jag att mitt ansvar hade ökat snarare än minskat. Så jag bestämde mig för att åka hem. Det var inget lätt beslut. Jag visste att de avslutade mina förhoppningar om att hitta någon.

Jag är med Rebellgruppen. Det är otänkbart att jag får en pojkvän hemma för min familj är helt traditionell. De accepterar mig aldrig för den jag är.

Jag kom hem och funderade på att fokusera på jobbet. Vid 36 års ålder hade jag aldrig hittat en partner. Han samlade 500 avslag och ökade varje dag. Sen frågade jag mig själv: Varför måste vi finna lycka i det andra? Varför kan jag inte få mina drömmar att gå i uppfyllelse själv? Jag behövde bara ha bra ekonomiskt stöd och jag kunde njuta av livet bättre. Tanken på att vara lycklig bredvid någon är nästan föråldrad nuförtiden. Det händer sällan. Så jag fortsatte med mina projekt. Jag är författare och filmskapare.

Ekonomiskt beroende

Att veta hur man hanterar den finansiella frågan är i dag av största vikt. Trots att de lever som en familj måste alla ha sitt levebröd. Många gånger var jag tvungen att hjälpa min familj, för jag är den enda som har ett stadigt jobb. Men situationen blev väldigt svår när de bara väntade på mig. Det var därför jag lämnade huset också. De var tvungna att vakna upp till verkligheten. Att hjälpa är bra när man har rester. Men det är inte rättvist att jag jobbar och andra som njuter mer av mina pengar än jag själv.

Detta exempel visar hur viktig medvetenhet är. Vi måste skilja på saker. Var och en måste försöka arbeta. Alla kan överleva. Vi måste vara huvudroller i vår historia och inte vara beroende av andra. Det finns sjuka situationer i dagens värld. Det är inte kärlek. Det är bara ekonomiskt intresse. Att bli bedragen av kärlek kommer bara att medföra lidande.

Jag förstår att det inte är lätt att hantera vissa situationer. Men vi måste vara rationella. Sonen gifte sig. Låt honom ta över sitt liv. Barnbarn att ta hand om? Inte alls. Det är föräldrarnas ansvar. Ni som redan är i åldern bör njuta av livet genom att resa och göra nöjesfält. Du har fullgjort din roll. Dessutom vill du inte ta hand om andras ansvar. Det här kan vara väldigt skadligt för dig. Gör en inre reflektion och se vad som är bäst för dig.

Det är viktigt med exemplet

När vi talar om barn talar vi om landets framtid. Så det är av största vikt att de har en bra familjebåts. I allmänhet är de en spegelbild av miljön där de lever. Om vi har en strukturerad och lycklig familj är tendensen att ungdomar följer detta exempel. Det är därför som ordspråket är sant: "Den som är en god son är en bra far." Men det är inte en allmän regel.

Vi har ofta unga rebeller. Även om de har underbara föräldrar, lutar de sig mot ondska. I så fall, känn dig inte skyldig. Du gjorde din del. Varje människa har sin fria vilja. Om barnet har valt ondska, kommer det att bära konsekvenserna. Det är naturligt i ett samhälle. Det finns gott och ont. Det här är ett personligt beslut.

Jag valde bra och idag är jag en nöjd, ärlig och sund person. Jag är ett exempel på envishet och hopp mot mina drömmar. Dessutom tror jag på ärlighetens och arbetsmarknadens värderingar. Lär det till dina barn. Lugna ner dig och skörda det goda. Vi är frukten av våra ansträngningar, varken mer eller mindre. Alla har vad de förtjänar.

Slut

www.ingramcontent.com/pod-product-compliance
Lightning Source LLC
LaVergne TN
LVHW020439080526
838202LV00055B/5263